孩子读得懂的古文观止

汉晋风云

（清）吴楚材◎编选
（清）吴调侯◎编选
洋洋兔◎编绘

北京理工大学出版社
BEIJING INSTITUTE OF TECHNOLOGY PRESS

版权专有 侵权必究

图书在版编目（CIP）数据

孩子读得懂的古文观止：全6册/（清）吴楚材，
（清）吴调侯编选；洋洋兔编绘. -- 北京：北京理工大
学出版社, 2024.3
　ISBN 978-7-5763-3506-4

　Ⅰ. ①孩… Ⅱ. ①吴… ②吴… ③洋… Ⅲ. ①《古文
观止》- 儿童读物 Ⅳ. ① H194.1

中国国家版本馆 CIP 数据核字 (2024) 第 044822 号

责任编辑：张　萌　　李慧智　　　　责任印制：王美丽
责任校对：刘亚男　　　　　　　　　文字编辑：申玉琴

出版发行 / 北京理工大学出版社有限责任公司
社　　址 / 北京市丰台区四合庄路 6 号
邮　　编 / 100070
电　　话 /（010）82563891（童书出版中心售后服务热线）
网　　址 / http: //www.bitpress.com.cn

版 印 次 / 2024 年 3 月第 1 版第 1 次印刷
印　　刷 / 朗翔印刷（天津）有限公司
开　　本 / 880mm×1230mm　1/32
印　　张 / 18
字　　数 / 780 千字
定　　价 / 198.00 元（全 6 册）

图书出现印装质量问题，请拨打售后服务热线，本社负责调换

目录

4 项羽本纪赞	55 后出师表
10 报任安书(节选)	63 陈情表
19 高帝求贤诏	70 兰亭集序
23 武帝求茂材异等诏	78 归去来兮
26 过秦论(上)	84 桃花源记
36 论贵粟疏	91 五柳先生传
45 前出师表	

项羽本纪赞

🔲 送给西楚霸王的挽歌

出处 《史记》
作者 司马迁
创作年代 西汉
坐标 《古文观止》卷五

助学小贴士

《史记》是汉代史学家司马迁撰写的一本史书，记载了从黄帝到汉初的重大事件。以往的史书都是就事记事的，《史记》却第一次采用了以人记事的方式，即通过重要人物身上发生的事件来呈现历史脉络，因此被称为"第一部纪传体史书"。《史记》中的"本纪"记载帝王事迹，"世家"记载诸侯及其后人的事迹，"列传"则记载其他影响历史的重要人物。不过也有例外，本纪中就混进了一个不是帝王的人——项羽。这也许是因为项羽有过号令天下的实权，也许是因为司马迁对他欣赏有加，这才抬高了他的地位。这篇赞就是司马迁对项羽一生的评论。

朗读原文

太史公曰：吾闻之周生，曰"舜目盖重瞳子。"又闻项羽亦重瞳子。羽岂其苗裔邪？何兴之暴也！夫秦失其政，陈涉首难，豪杰蜂起，相与并争，不可胜数。然羽非有尺寸，乘势起陇亩之中，三年，遂将五诸侯灭秦，分裂天下，而封王侯，政由羽出，号为"霸王"，位虽不终，近古以来，未尝有也。及羽背关怀楚，放逐义帝而自立，怨王侯叛己，难矣。自矜功伐，奋其私智而不师古，谓霸王之业，欲以力征经营天下，五年卒亡其国，身死东城，尚不觉寤而不自责，过矣。乃引"天亡我，非用兵之罪也"，岂不谬哉！

实时翻译

太史公说：我从周生那里听说"舜的眼睛可能有两个瞳孔"，又听说项羽也是有两个瞳孔的人。项羽难道是舜的后代吗？他的崛起多么迅猛啊！秦王朝政局混乱，陈涉第一个起兵反秦，紧接着各地英雄豪杰纷纷起义，相互夺天下，人多得数也数不清。项羽并没有什么可凭借的根基和权力，只是趁着时势起兵于百姓中，但他仅用了三年的时间就作为统帅，带领五国诸侯大军灭了秦朝，然后瓜分天下，封赏王侯，政令也全部由他来制定和发布。他还给自己起了一个封号——"霸王"，虽然项羽的王位并没有坐太久，但历史上还没有出现过他这样的英雄人物。等到项羽先背信弃义——因怀恋故乡楚地而放弃了关中，流放了起义之初拥立的义帝而自立为王时，又抱怨王侯们背叛了自己。这样想，成大事就很难了。他因战功卓著而变得自以为是、独断专行却不知道效法古人，认为建立霸王之业靠武力就行，凭借武力统治天下，结果仅仅过了五年，他的国家就灭亡了，自己也身死东城，即便这样，他还没有醒悟。不肯归咎于自身，这已经是过错了，而且他还找借口，说"是上天要灭亡我，并不是我用兵的过错"，这不是错得更离谱了吗？

思维导图

作者信息

姓　　名：司马迁
　字　　：子长
生卒年：前145年或前135年生，卒年不详
籍　　贯：西汉夏阳
成　　就：身受宫刑却创作出中国第一部纪传体通史《史记》

讲个故事

"力拔山兮气盖世！"这是项羽自刎前对自己勇武一生的总结。项羽出生在一个军事世家，从小就拥有远大的理想，但是他不愿为了实现理想而努力，学什么都是浅尝辄止、半途而废。后来，他得到了谋士范增的智力支持，一步步建功立业，终于在反秦大军中异军突起。在巨鹿之战中，他率兵渡过一条大河后，命令士兵砸破铁锅、凿沉渡船，断绝了军队的退路，激励将士们拼死一战，取得了巨大胜利，也为他的霸王基业奠定了基础。可是灭秦之后，他开始骄傲自大、目中无人，多次不听范增等谋士的劝告，在鸿门宴上放走刘邦、放弃关中要地而定都楚地，最终身死东城。

多思考一点

万丈高楼平地起，做任何事情都要先打好基础、扎实根基。假如项羽幼年时能够做到勤勉好学，那么不管他的品质德行、为人处世还是带兵打仗都将会是另一番风貌。我们从项羽身上可以得到什么教训呢？

报任安书（节选）

○ 司马迁亲述宫刑经历

出处　《汉书》
作者　司马迁
创作年代　西汉
坐标　《古文观止》卷五

助学小贴士

　　《报任安书》是司马迁写给友人任安（字少卿）的一封信。他在信中以激愤的心情、饱满的感情陈述了自己身受宫刑的不幸遭遇，抒发了为著作《史记》而不得不含垢忍辱、苟且偷生的痛苦心情。

朗读原文

太史公牛马走司马迁再拜言。少卿足下：曩(nǎng)者辱赐书，教以慎于接物，推贤进士为务，意气勤勤恳恳，若望仆不相师，而用流俗人之言，仆非敢如此也。……

夫仆与李陵俱居门下，素非能相善也，趣舍异路，未尝衔杯酒、接殷勤之余欢。然仆观其为人，自守奇士，事亲孝，与士信，临财廉，取与义，分别有让，恭俭下人，常思奋不顾身以殉国家之急。其素所蓄积也，仆以为有国士之风。夫人臣出万死不顾一生之计，赴公家之难，斯已奇矣。今举事一不当，而全躯保妻子之臣随而媒蘖(niè)其短，仆诚私心痛之。且李陵提步卒不满五千，深践戎马之地，足历王庭，垂饵虎口，横挑强胡，仰(yǎng)亿万之师，与单于连战十有余日，所杀过当，虏(lǔ)救死扶伤不给。旃裘(jī zhān qiú)之君长咸震怖，乃悉征其左、右贤王，举引弓之人，一国共攻而围之。转斗千里，矢尽道穷，救兵不至，士卒死伤如积。然陵一呼劳军，士无不起，躬自流涕，沫(mèi)血饮泣，更张空弮(quān)，冒白刃，北向争死敌者。

实时翻译

　　愿为您效犬马之劳的太史公司马迁向您行礼并陈言。少卿足下：前些日子承蒙您屈尊给我来信，教导我待人接物要谨慎，并鼓励我推举贤能，您的情意恳切诚挚，但似乎在埋怨我没有遵从您的教诲，而是听信了世俗之人的意见。我是不敢这么做的。……

我和李陵虽然都在朝廷做官，但是向来没有什么亲密往来，我们的兴趣和追求不同，从未在一起喝过一杯酒，也没有相互表示过交往的意愿。但是通过观察李陵的为人，我认为他是个能坚守节操的高士：侍奉父母讲孝道，结交朋友守信用，面对钱财能清正廉洁，索取、给予都合乎礼义，懂得长幼尊卑而行事礼让，待人恭敬谦卑而自甘人下，总想着奋不顾身去解救国家的急难。根据他长期以来的表现，我认为他具有国家杰出人才的风范。做人臣的能够做出万死而不惜一命的打算，奔赴国家的危难，这已经是很难能可贵的了。现在他行事一有不妥，那些只顾保全自己和妻子儿女性命的臣子们便落井下石，编造夸大他的过错，我实在是发自内心地感到悲痛。李陵带领的兵卒不到五千人，却孤军深入敌境，杀到了匈奴单于的王庭，他们虎口送食置身险境，向强大的胡兵挑战，面对着数倍于己的敌兵连续作战十多天，杀敌人数远远超过了自己军队的人数，让敌人连抢救伤兵都来不及。匈奴各部的头领都十分震惊害怕，单于是把左、右贤王的军队都征调过来，出动了所有会拉弓放箭的人，以举国上下之力一起围攻李陵。李陵边战边退，又转战了千里之远，箭都射完，无路可退，救兵还没有来，将士死伤无数，尸体堆积如山。但即便这样，当李陵振臂高呼、率军再战的时候，兵士们没有不拼力而起的，他们流着眼泪、满脸是血，仍强忍悲泣，拉开没有箭的弓，迎着白光闪闪的刀锋，奋勇拼死杀敌。

朗读原文

陵未没(mò)时，使有来报，汉公卿王侯皆奉觞(shāng)上寿。后数日陵败，书闻，主上为之食不甘味，听朝不怡。大臣忧惧，不知所出。仆窃不自料其卑贱，见主上惨怆怛悼(dá dào)，诚欲效其款款之愚。以为李陵素与士大夫绝甘分少，能得人之死力，虽古之名将，不能过也。身虽陷败，彼观其意，且欲得其当而报于汉。事已无可奈何，其所摧败，功亦足以暴(pù)于天下矣。仆怀欲陈之，而未有路，适会召问，即以此指推言陵之功，欲以广主上之意，塞睚眦(yá zì)之辞。未能尽明，明主不晓，以为仆沮(jǔ)贰师，而为李陵游说，遂下于理。拳拳之忠，终不能自列，因为诬上，卒从吏议。家贫，货赂不足以自赎，交游莫救视，左右亲近不为一言。身非木石，独与法吏为伍，深幽囹圄(líng yǔ)之中，谁可告诉者！此真少卿所亲见，仆行事岂不然乎？李陵既生降，颓(tuí)其家声，而仆又佴(èr)之蚕室，重(zhòng)为天下观笑。悲夫！悲夫！事未易一二为俗人言也。

……

实时翻译

　　李陵的军队还没战败覆没时，信使曾送来捷报，朝廷里的公卿王侯都举杯为皇上庆贺。过了一些日子，李陵兵败的奏书传回朝中，皇上因为这件事吃饭都觉得无味，上朝听政时也神情忧郁。大臣们都担心害怕，不知道该怎么办。我心里并未顾及自己地位卑下，只是见到皇上如此悲伤痛心，就想尽一点我的愚忠为皇上分忧。我认为李陵向来与将士们同甘共苦，好吃的东西自己不吃留给将士，不多的东西也想着分给他人，所以能够得到士兵们拼死效命，即使是古代的名将在这一点上也比不过他。他虽然身陷重围、兵败投降，但我看他的意思是想暂且投降再寻找机会报效我大汉。兵败之事已无可奈何，但他重挫敌军的功绩也足以向天下人彰显朝廷的威仪了。我心里这么想着并打算向皇上当面奏报，但一直没有合适的机会；后来恰逢皇上召见，询问我对这件事的看法，我就按着这个思路来陈述李陵取得的功绩，想以此来宽慰皇上，并堵住那些恶毒的言论。因为我没表达清楚我的意思，所以皇上没能明白我的意图，认为我败坏贰师将军李广利的名声，为李陵做脱罪辩解，于是将我下狱交法官审问。我虽有诚挚的忠心，却始终没能为自己辩白，因而被判定了污蔑上级的罪名，皇上最后也认同了主审官员的判决。虽然法律规定拿钱就可以赎罪，但我家境贫寒，微薄的钱财不足以赎清自己的罪责，朋友之中没人出面营救，皇帝身边的近臣也不肯替我说一句好话。我不是没有思想感情的木头或石块，却只能一个人和执法的官吏为伴，被关在幽暗阴森的牢狱之中，我跟谁诉说呢？这些都是少卿你亲眼所见的，我的所作所为难道不是这样吗？李陵投降以后，败坏了他的家族名声，我也被安置到行宫刑之所，被天下人大大地看了笑话。可悲啊！可悲！这些事情是不便逐一向世人所说的。

　　……

朗读原文

仆窃不逊，近自托于无能之辞，网罗天下放失旧闻，略考其事，综其终始，稽(jī)其成败兴坏之纪，上计轩辕(xuān yuán)，下至于兹，为十表、本纪十二、书八章、世家三十、列传七十、凡百三十篇，亦欲以究天人之际，通古今之变，成一家之言。草创未就，会遭此祸，惜其不成，是以就极刑而无愠(yùn)色。仆诚已著此书，藏之名山，传之其人，通邑大都，则仆偿前辱之责，虽万被戮(lù)，岂有悔哉！然此可为智者道，难为俗人言也。

实时翻译

近些年来，我在私下里自不量力地凭着我那拙劣的文辞，收集并整理天下散失的历史传闻，粗略地加以考证修订后写了一本书，综述历史事实的来龙去脉，考察其成败盛衰的道理。这本书上始自轩辕黄帝、下至于当今之世，有十篇表，十二篇本纪，八篇书，三十篇世家，七十篇列传，一共一百三十篇。我也想通过探求天道与人事之间的关系、通晓古往今来的历史变化而形成有独特见解、自成体系的学说。这本书刚开始写草稿、还未完成的时候我正巧遭遇了这场灾祸，我痛惜如果自己死了那么这本书也将无法完成，所以选择接受这最残酷的宫刑而没有怨怒之色。我真的已经完成了这本书，如果将它暂时藏在名山之中，以后再传给恰当的人，让它广传于天下，那么以前我所受的全部侮辱就都能够得到补偿了。即使被杀一万次，又有什么可后悔的呢？但是这些事只能对有识之士说说，难以跟世人讲啊。

思维导图

司马迁为李陵进言
- 原因
  - 非亲非故，出于道义
  - 聊尽愚忠，出于职责
- 理由
  - 有国士之风
  - 有名将之贤
  - 有诈降之疑
- 结果
  - 被判死罪，无钱赎罪
  - 身就宫刑，以图成书

多思考一点

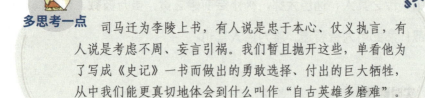

司马迁为李陵上书，有人说是忠于本心、仗义执言，有人说是考虑不周、妄言引祸。我们暂且抛开这些，单看他为了写成《史记》一书而做出的勇敢选择、付出的巨大牺牲，从中我们能更真切地体会到什么叫作"自古英雄多磨难"。

高帝求贤诏

得人才者得天下

出处 《汉书》
作者 班固
创作年代 东汉
坐标 《古文观止》卷六

助学小贴士

　　高帝就是西汉的开国皇帝汉高祖刘邦。刘邦年轻时游手好闲、不务正业,后来做了秦朝的亭长,才算有了一份稳定的工作。秦朝末年,天下大乱,刘邦辞去公职,打算创立一番事业。他依靠着萧何、韩信和张良三个杰出合伙人的辅佐,在乱世中一步步闯出了一片天地,最终消灭了西楚霸王项羽,建立汉朝。他深知人才的价值,于是就发布了一道在全国范围内征求贤才的诏令……

朗读原文

盖闻王者莫高于周文,伯(bà)者莫高于齐桓:皆待贤人而成名。今天下贤者智能,岂特古之人乎?患在人主不交故也,士奚(xī)由进?今吾以天之灵、贤士大夫定有天下,以为一家,欲其长久,世世奉宗庙亡(wú)绝也。贤人已与我共平之矣,而不与我共安利之,可乎?贤士大夫,有肯从我游者,吾能尊显之。布告天下,使明知朕意。御史大夫昌下相国,相国酂(zàn)侯下诸侯王,御史中执法下郡守,其有意称明德者,必身劝,为之驾,遣诣相国府,署行、义、年。有而弗言,觉免。年老癃(lóng)病,勿遣。

实时翻译

我听说历代的王里周文王是最贤德的,春秋的霸主里齐桓公是最强大的:他们都是依靠人才而取得了成就,享誉了美名。现在天下有智慧有才能的贤人难道还不如古代人吗?我们应该担忧的是君主不肯去结交这些贤人,这样的话他们哪还有途径得到晋升任用呢?如今我靠上天神灵的庇佑和贤士大夫的辅佐平定了天下,统一了全国,自然希望国运能够长久,世世代代奉祀宗庙使香火永不断绝。贤士大夫们和我共同平定了天下,却不和我一起治理使其安定并发展,这怎么能行呢?愿意跟随、辅佐我的人,我一定能让他尊贵显赫。把这份诏令布告天下,就是让大家明白我的意思。由御史大夫周昌把诏令下达相国,相国酂侯(萧何)再下达给各诸侯王,御史中丞负责把诏令下达给各郡太守,如果有名声与德行相符的贤士,一定要亲自去动员,并给他准备车马,把他送到相国府,写下事迹、状貌和年龄。如果有贤人而不推举,一经发现则免除当地官员的官职。年老而体弱多病的,就不要送来了。

思维导图

作者信息

姓　　名：班固
字　　：孟坚
生卒年：32—92年
籍　　贯：扶风安陵
高光时刻：子承父业著《汉书》，与司马迁并称"班马"

讲个故事

秦灭后，刘邦被项羽分封到巴蜀为王，军中很多人思念故土，逃跑的士兵越来越多。有一天，有人禀告刘邦说丞相萧何也跑了。萧何一直跟随刘邦南征北战，是他最信任的人。刘邦急坏了，像突然被人斩掉了左右手。不过几天后萧何又回来了，说自己只是去追韩信，走得急没来得及打报告。刘邦又好气又好笑，说："那么多将军跑了也没见你去追谁，跑了个韩信你那么上心。"萧何说："除了韩信，没有第二个人能帮你完成一统天下的大业了。"刘邦见萧何如此看重韩信，说那就让他做个将军。萧何说："将军恐怕留不住他。"刘邦于是拜韩信做了大将！韩信后来为刘邦夺取天下立下了汗马功劳。

多思考一点　　一个篱笆三个桩，一个好汉三个帮。要想成就一番事业，一个人单打独斗是很困难的。刘邦正是认识到了自己能力的不足和人才团队的重要价值，做到了知人善任，才开创了汉朝四百年的基业。团队意识可是一把打开成功之门的金钥匙哦。

武帝求茂材异等诏

◯ 不拘一格降人才

出处 《汉书》

作者 班固

创作年代 东汉

坐标 《古文观止》卷六

助学小贴士

　　汉武帝刘彻是西汉开国皇帝刘邦的曾孙子，汉景帝的亲儿子。汉景帝开创了汉朝"文景之治"的大好局面——国家的粮仓里粮食多得都烂掉了，铜钱多得数都数不过来，所以，汉武帝可以说是一位含着"超级金汤匙"出生的富二代皇帝了。但他没有沉迷享乐，而是励精图治，成为千古明君。《武帝求茂材异等诏》正是他为选拔人才而颁布的诏书，诏书简洁明了、重点突出，从侧面反映了他不拘一格降人才的用人思想。

朗读原文

盖有非常之功，必待非常之人。故马或奔踶(dì)而致千里，士或有负俗之累而立功名。夫泛(fěng)驾之马，跅(tuò)驰之士，亦在御之而已。其令州郡察吏民有**茂材异等**可为将相及使**绝国**者。

实时翻译

要成就非同一般的功业，必须依靠非同一般的人才。有的烈马难以驯服却能行千里，有的人受世俗讥讽却能建立功名。那些不走寻常路的马和不受礼俗约束放纵不羁的人，就看如何驾驭了。现命令各州各郡寻找官吏和百姓中那些有**突出才能**、可担任将相及出使**远方他国**的人才。

思维导图

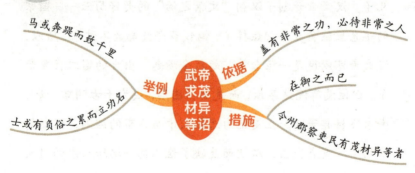

讲个故事

　　汉武帝不光爱人才，更爱钱财，而且还让这两者完美地统一在了一起。汉高祖刘邦统治时曾明文规定"商人不得衣丝乘车，重租税以困辱之"，汉惠帝时又规定"市井之子孙亦不得仕宦为吏"，可见商人在西汉前期的地位之悲惨。然而汉武帝却打破了这一惯例，重用了一名商人家庭走出来的富二代——桑弘羊。桑弘羊是一个名副其实的数学神童，十三岁的时候就因为心算能力突出而名满洛阳，被破格提拔陪那时候还是皇子的汉武帝读书。后来的五十多年里，他一直担任汉武帝的财务总监，并最早推行了西汉时期的国有经济体制改革。例如实行盐铁官营，由国有企业垄断盐业和冶金行业；推行均输法，成立国有贸易公司，规定郡国贡纳的物品均按照当地市价折合成土特产上交均输官，再由均输官运往其他地区高价出售。桑弘羊的很多政策为汉武帝带来了巨大的财政收入。

多思考一点

　　专业才能卓越！汉武帝充分认识到了术业有专攻的道理，所以他重用专业人才，并大胆起用被汉高祖限制参政的商人，真正做到了知人善任、不拘一格降人才。在学习中你是如何处理广而博和精而深的关系的呢？

过秦论（上）

○ 以史为鉴，可以知兴替

出处：《新书》
作者：贾谊
创作年代：西汉
坐标：《古文观止》卷六；高二语文选择性必修中册

助学小贴士

汉高祖刘邦和他后来的皇帝都重视发展农业生产，按说经过了几代人的积累，江山传到汉文帝手里时怎么着也能让他和百姓们不愁吃穿了。然而残酷的现实是国家没钱，人民困顿。这是怎么回事呢？原来一人耕而十人食，统治阶级残酷剥削农民，忙着享受美好生活，根本不顾人民的死活。贾谊为此写了《过秦论》一文，文章题目的意思就是"谈一谈秦朝施政的过失"，目的就是警醒汉文帝吸取秦朝灭亡的教训、采取合理的治国政策。

朗读原文

秦孝公据崤函(xiáo hán)之固，拥雍(yōng)州之地，君臣固守以窥周室，有席卷天下，包举宇内，囊括四海之意，并吞八荒之心。当是时也，商君佐之，内立法度，务耕织，修守战之具，外连衡而斗诸侯。于是秦人拱手而取西河之外。

孝公既没(mò)，惠文、武、昭襄蒙故业，因遗策，南取汉中，西举巴、蜀，东割膏腴之地，北收要害之郡。诸侯恐惧，会盟而谋弱秦，不爱珍器重宝肥饶之地，以致天下之士，合从(zòng)缔交，相与为一。当此之时，齐有孟尝，赵有平原，楚有春申，魏有信陵。此四君者，皆明智而忠信，宽厚而爱人，尊贤而重士，约从离衡，兼韩、魏、燕、赵、宋、卫、中山之众。于是六国之士，有宁越、徐尚、苏秦、杜赫之属为之谋，齐明、周最、陈轸(zhěn)、召滑、楼缓、翟(zhái)景、苏厉、乐毅之徒通其意，吴起、孙膑、带佗(tuó)、倪良、王廖、田忌、廉颇、赵奢之伦制其兵。尝以什倍之地，百万之众，叩关而攻秦。秦人开关延敌，九国之师，逡巡而不敢进。秦无亡矢遗镞(zú)之费，而天下诸侯已困矣。于是从散约败，争割地而赂秦。秦有余力而制其弊，追亡逐北，伏尸百万，流血漂橹(lǔ)；因利乘便，宰割天下，分裂河山。强国请服，弱国入朝。

实时翻译

秦孝公凭借着崤山、函谷关的易守难攻和雍州土地的丰饶，带领臣民牢牢守卫着国土，窥视着周王室的天下。他有横扫天下、一统各国、囊括四海的意图和并吞八方的雄心。在那时，商鞅辅佐他对内建立法规制度、发展农业和纺织业、制造武器，对外采用连横策略使诸侯相互争斗。就这样，秦人轻而易举地夺取了黄河以西的土地。

秦孝公死了以后，惠文王、武王、昭襄王承继前人的基业，沿袭既定的策略，向南夺取了汉中，向西攻取了巴蜀，向东占据了大片土地肥沃的地区和战略要地。诸侯恐慌害怕，开会共同商议如何削弱秦国，并不惜用珍宝、重金和肥沃富饶的土地来招揽天下的优秀人才献计献策，最终大家采用了合纵的策略，缔结盟约，要互相援助如同一个整体。在那个时候，齐国有孟尝君，赵国有平原君，楚国有春申君，魏国有信陵君。这四位都是贤明聪慧、忠义守信、宽宏厚道、爱惜人民、尊敬贤士的人，他们以合纵之约破坏了秦国的连横之策，联合起韩国、魏国、燕国、赵国、宋国、卫国、中山国的军队。那时六国中名士聚集，有宁越、徐尚、苏秦、杜赫等出谋划策，有齐明、周最、陈轸、召滑、楼缓、翟景、苏厉、乐毅等人往来沟通，有吴起、孙膑、带佗、倪良、王廖、田忌、廉颇、赵奢等人统率军队。合纵各国加起来拥有十倍于秦国的土地和上百万的军队。他们曾经出兵百万攻打秦国的函谷关，但秦军打开函谷关关口迎战时，九国的军队立刻四散奔逃，没有敢攻打冲关的。秦国还没用一箭一矢，仅凭气势压制就已经让天下的诸侯无法应付了。合纵就这么失败了，各诸侯国又都争着割地送给秦国来讨好秦王。秦国这下就有了更充足的力量，他们抓住六国的弱点，攻城略地，追击逃走的败兵，杀得他们尸横遍野，流淌的血水把盾牌都浮了起来。秦国凭借有利的形势，割取天下的土地，使各国山河破裂。于是，强国请求臣服，弱国入秦朝拜。

朗读原文

延及孝文王、庄襄王,享国之日浅,国家无事。及至始皇,奋六世之余烈,振长策而御宇内,吞二周而亡诸侯,履至尊而制六合,执敲(chī)扑以鞭笞天下,威振四海。南取百越之地,以为桂林、象郡;百越之君,俯首系颈,委命下吏。乃使蒙恬北筑长城而守藩篱,却匈奴七百余里;胡人不敢南下而牧马,士不敢弯弓而报怨。

实时翻译

这种情况一直延续到孝文王、庄襄王执政时期,但他们的统治时间不长,没有发生什么大事。到秦始皇的时候,他极大地扩展了六代前人创建的功业,高举长鞭一统天下,吞并了周王朝,消灭了诸侯国,登上皇帝宝座而治理国家,拿着木棍来驱使、鞭打天下,那真是威震四海啊。他向南攻取百越统治的地方,把其划为秦国的桂林郡和象郡;百越的君主低着头捆着脖子投降,听命于秦朝的小吏。他命令蒙恬在北方修筑长城来守卫边境,把匈奴打退了七百多里;匈奴人不敢来南边放牧,匈奴士兵也不敢弯弓搭箭前来报仇。

朗读原文

于是废先王之道，焚百家之言，以愚黔(qián)首。隳(huī)名城，杀豪杰；收天下之兵，聚之咸阳，销锋镝(dí)，铸以为金人十二，以弱天下之民。然后践华为城，因河为池，据亿丈之城，临不测之溪，以为固。良将劲弩守要害之处，信臣精卒陈利兵而谁何。天下已定，始皇之心，自以为关中之固，金城千里，子孙帝王万世之业也。始皇既没，余威震于殊俗。

然而陈涉，瓮牖绳枢之子，氓隶之人，而迁徙之徒也；才能不及中人，非有仲尼、墨翟之贤，陶朱、猗顿之富；蹑足行伍之间，倔起阡陌之中，率疲弊之卒，将数百之众，转而攻秦；斩木为兵，揭竿为旗，天下云集响应，赢粮而景从。山东豪俊遂并起而亡秦族矣。

大泽乡起义

> 实时翻译

接下来，秦始皇废除了古代帝王的治世之道，焚烧诸子百家的著作，想让百姓变得愚昧；他毁坏各国的名城，屠杀英雄豪杰，收缴天下兵器并集中在咸阳销毁，兵刃和箭头都被熔化，用来铸造了十二个铜人，意图削弱百姓反抗的力量。他以华山为城墙，把黄河当城池，仰仗着高耸的华山和深不可测的黄河，他认为长安城已经固若金汤。况且还有良将手持强弩站在高处守卫着要害的关卡，可靠的官员和精锐的士卒拿着锋利的兵器在关口盘问过往行人。天下既已平定，秦始皇便心想着：关中这样坚固，又有铜墙铁壁般的城防千里相连，能保我大秦子子孙孙称王称帝之万代基业啊。秦始皇去世之后，他的余威依然震慑着边远地区。

可是，陈涉不过是个用破瓮做窗户、用草绳系门轴的穷人家的子弟，一个地位卑贱、被征发去守卫边境的士兵，才能还不如普通人，既没有孔子、墨翟那样的贤德，也不像陶朱、猗顿那样富有；他混迹在军队底层，竟在田地里勉力发难，率领几百个疲惫无力的戍边兵卒，掉转头来攻打秦国。他们砍下树枝作武器，举起竹竿当旗帜，天下百姓竟像云一样聚集，像回声一样应和，背着干粮如影随形地跟着他们造反。崤山以东的英雄豪杰，于是一齐起事，最终灭了秦朝。

朗读原文

且夫天下非小弱也,雍州之地,崤函之固,自若也。陈涉之位,不尊于齐、楚、燕、赵、韩、魏、宋、卫、中山之君也;锄耰棘矜,非铦于钩戟长铩也;谪戍之众,非抗于九国之师也;深谋远虑,行军用兵之道,非及乡时之士也。然而成败异变,功业相反,何也?试使山东之国与陈涉度长絜大,比权量力,则不可同年而语矣。然秦以区区之地,致万乘之势,序八州而朝同列,百有余年矣;然后以六合为家,崤函为宫;一夫作难而七庙隳,身死人手,为天下笑者,何也?仁义不施而攻守之势异也。

实时翻译

秦朝并没有变弱小,雍州土地的丰饶,崤山和函谷关的险固,也还是原来的样子。陈涉的地位没有齐、楚、燕、赵、韩、魏、宋、卫和中山的国君尊贵;种田的锄头和带刺的木棍没有钩、戟、长矛锋利;被责罚去守卫边关的人无法和九国的部队抗衡;要论制定计谋、行军打仗,更比不上过去九国的那些谋臣。可是与秦国征战的胜败却产生了变化,结果正好相反。如果再拿陈涉跟东方诸国的整体实力比较高低优劣、力量大小,那就更不能相提并论了。秦国凭借着它原来那么小小的一块国土,发展到兵车万乘的国势,招来八州的诸侯让他们在朝堂上做自己的臣子,已经一百多年了。然后以天下为家,用崤山、函谷关作为自己的宫城。但是陈涉一人起义,秦国百年基业就灭亡了,秦王子婴也死在项羽手里,被天下人耻笑。这是为什么呢?就因为不施行仁政而使进攻与防守的形势发生了变化啊。

思维导图

作者信息

姓　　名：贾谊
别　　称：贾长沙、贾太傅
生 卒 年：前200—前168年
籍　　贯：河南洛阳
高光时刻：学霸，21岁就被汉文帝聘为博士，是所有博士中年龄最小的人

多思考一点

　　用铜做镜子，可以整理自己的衣冠；把人当镜子，可以知道自己行为的得失；把历史当镜子，可以知道王朝兴盛衰亡的规律。历史中有很多生动有趣的小故事，更隐藏着让人警醒的大智慧。那些大智慧也许正等你去发现呢。

论贵粟疏

◨ 民以食为天

出处　《汉书》
作者　晁错
创作年代　西汉
坐标　《古文观止》卷六

助学小贴士

　　汉朝建立初期，几位皇帝都选择了"无为而治"的统治手段，也就是国家不过多干预人民从事各项生产活动。在这种情况下，商业自由发展，商人的实力不断壮大。到汉文帝时，商人对农民的盘剥已经严重打击了农民种田的积极性，加上文帝为防匈奴入侵大举用兵，耗粮巨万，国库粮食告急，晁错这才上了这篇《论贵粟疏》，目的就是让汉文帝采取有效措施鼓励农民生产。

朗读原文

圣王在上而民不冻饥者，非能耕而食(sì)之、织而衣(yì)之也，为开其资财之道也。故尧、禹有九年之水，汤有七年之旱，而国无捐瘠者，以畜积多而备先具也。今海内为一，土地人民之众不避禹、汤，加以亡天灾数年之水旱，而畜积未及者，何也？地有余利，民有余力，生谷之土未尽垦，山泽之利未尽出也，游食之民未尽归农也。民贫则奸邪生。贫生于不足，不足生于不农，不农则不地著，不地著则离乡轻家。民如鸟兽，虽有高城深池、严法重刑，犹不能禁也。

实时翻译

圣明的君主在位时百姓之所以能不挨饿受冻，并非是因为君主会亲自种粮食给他们吃、织布匹给他们穿，而是因为他走了国家积累财富的道路。所以，尽管唐尧、夏禹统治时有过九年的水灾，商汤统治时有过七年的旱灾，但在他们的国家里没有被遗弃的和瘦得不成样子的人，这正是因为国家贮藏积蓄的财物多，事先早已做好了准备。现在全国统一，土地面积和人口数量不比汤、禹统治时少，也没有连年的水旱灾害，然而国家的积蓄却不如汤、禹那时，这是怎么回事呢？这是因为土地还有开发潜力，百姓还有多余民力，能长谷物的土地还没全部开垦，山林湖沼的资源还没有完全开发，闯荡谋生的人还没有全都回乡务农。百姓一旦生活穷困，他们之中就会出现奸诈邪恶的人。穷困是由于物产不富足，物产不富足是由于人们不从事农业生产，人们不从事农业生产就不可能在一个地方定居下来，不在一个地方定居就不会有家乡的概念。国内的人民就像鸟兽一样，即使有高大的城墙、深险的护城河、严厉的法令、残酷的刑罚，还是无法杜绝他们流窜、出逃。

朗读原文

夫寒之于衣，不待轻暖；饥之于食，不待甘旨；饥寒至身，不顾廉耻。人情，一日不再食则饥，终岁不制衣则寒。夫腹饥不得食，肤寒不得衣，虽慈母不能保其子，君安能以有其民哉？明主知其然也，故务民于农桑，薄赋敛，广畜积，以实仓廪，备水旱，故民可得而有也。

实时翻译

受冻的人，对衣服不会奢求轻暖；挨饿的人，对吃的不会奢求香甜；一个人如果饥寒交迫，就顾不上什么廉耻了。人们都知道：一天不吃上两顿饭就会挨饿，一年不做衣服穿就会受冻。如果肚子饿了没饭吃，身上冷了无衣穿，即使是慈母也无法保全她的儿子，国君又怎能保住他的子民呢？贤明的君主懂得这个道理，所以鼓励人民从事农业生产，并减轻他们的赋税，然后大量储备粮食让国库保持充实，以备水旱灾荒时百姓衣食无忧，这样也就能够招引并保住子民了。

朗读原文

民者,在上所以牧之。趋利如水走下,四方无择也。夫珠玉金银,饥不可食,寒不可衣,然而众贵之者,以上用之故也。其为物轻微易藏,在于把握,可以周海内而亡饥寒之患。此令臣轻背其主,而民易去其乡,盗贼有所劝,亡逃者得轻资也。粟米布帛,生于地,长于时,聚于力,非可一日成也。数石(dàn)之重,中人弗胜,不为奸邪所利。一日弗得,而饥寒至。是故明君贵五谷而贱金玉。

实时翻译

百姓如何,要看君主怎么来管理他们。人追逐利益,就像水往低处流、不管东南西北一样自然。那些珠玉金银,饿了不能当饭吃,冷了不能当衣穿,然而人们还是把它们视为贵重的东西,就是因为君主看重它们啊。这些东西轻便小巧,容易保存,一只手就能拿着,凭它们能周游全国而无挨饿受冻的担忧。这样的话就会使臣子很容易就能背弃君主,百姓很容易就能离开家乡,还会让盗贼受到诱惑,让逃亡的人有便于携带的财物。粟米和制作布帛的原料,在土中萌芽,按时令生长,靠人力收获,这不是短时间内可以完成的。几石重的粮食,一般人都拿不动,也就不会被坏人贪图和惦记。人一天得不到粮食、布帛,就要挨饿受冻。因此贤明的君主都以五谷为贵,以金玉为贱。

朗读原文

今农夫五口之家，其服役者不下二人，其能耕者不过百亩，百亩之收不过百石。春耕，夏耘，秋获，冬藏，伐薪樵(xīn qiáo)，治官府，给徭役。春不得避风尘，夏不得避暑热，秋不得避阴雨，冬不得避寒冻，四时之间，无日休息。又私自送往迎来，吊死问疾，养孤长幼在其中。勤苦如此，尚复被水旱之灾，急政暴虐，赋敛不时，朝令而暮改。当其有者，半贾而卖；亡者取倍称之息。于是有卖田宅、鬻(yù)子孙以偿债者矣。而商贾大者积贮倍息，小者坐列贩卖，操其奇赢(jī)，日游都市，乘上之急，所卖必倍。故其男不耕耘，女不蚕织，衣必文采，食必粱肉，亡农夫之苦，有阡陌之得。因其富厚，交通王侯，力过吏势，以利相倾，千里游敖，冠盖相望，乘坚策肥，履丝曳缟(yè gǎo)。此商人所以兼并农人，农人所以流亡者也。今法律贱商人，商人已富贵矣；尊农夫，农夫已贫贱矣。故俗之所贵，主之所贱也；吏之所卑，法之所尊也。上下相反，好恶乖迕(wǔ)，而欲国富法立，不可得也。

实时翻译

　　如今一般务农的五口之家里，需要为国家服兵役的不少于两个人，剩下的人能耕种的土地不超过百亩，百亩的收成也不会超过百石。他们春天耕地，夏天耘田，秋天收获，冬天储藏，还得砍柴采薪、修葺官府房舍、服其他杂役。他们劳作时，春天要冒着风沙，夏天要顶着酷暑，秋天要淋着阴雨，冬天要忍着严寒，一年四季，没有一天休息；一年中又要应酬交际往来，如吊唁死者、看望病人，又要赡养老人，养育孩子。农民们已经如此辛苦了，却还要遭受水旱灾害、官府的急征暴敛、随时摊派和朝令夕改。农民有粮食的时候，只能半价贱卖，没粮食的时候却要以加倍的利息借债，于是就出现了卖田卖屋、卖儿卖女来还债的情况。而那些商人们，大的囤积货物，赚取高额的利息；小的摆摊卖货，挑着货品每天在都市游逛。赶上朝廷急需货物的机会，他们就会成倍地抬高价格。所以商人家中，男的不用耕地种田，女的不用养蚕织布，但穿的都是华美的衣服，吃的都是上等的米肉，他们不受农夫的劳苦，却占有了田地的产出。商人们依仗着自己财力雄厚，攀附王侯，势力甚至超过一般的官吏，还依靠钱财争权夺利、互相排挤。他们乘着坚固的车、赶着壮实的马，脚穿丝鞋、身披绸衣周游于各地，往来不绝。这就是商人兼并农民土地，农民被迫流亡在外的原因。现如今虽然法律轻视商人，但商人实际上已经富贵了；虽然法律尊重农民，而农民事实上已贫贱了。世俗所看重的，正是君主所轻贱的；官吏所鄙视的，正是法律所尊重的。朝廷与世俗的想法完全相反，好恶颠倒。在这种情况下，要想使国家富裕、法令实施，那是不可能的。

朗读原文

方今之务，莫若使民务农而已矣。欲民务农，在于贵粟，贵粟之道，在于使民以粟为赏罚。今募天下入粟县官，得以拜爵，得以除罪。如此，富人有爵，农民有钱，粟有所渫(xiè)。夫能入粟以受爵，皆有余者也。取于有余以供上用，则贫民之赋可损，所谓损有余，补不足，令出而民利者也。

实时翻译

如今，没有比让百姓从事农业生产更重要的事了。要想让百姓务农，关键就在于提高粮食的价值；要想提高粮食价值，可以让百姓用粮食来获得奖赏或者免除责罚。现在应该昭告天下，只要给官府交粮食，就可以封爵或是免罪。这样的话，富人可以缴纳多余的粮食得到爵位，农民可以通过卖粮食给富人而得到钱财，粮食被收入国库也就能够在灾荒之时派上用场。那些能交纳粮食换取爵位的，都是富人。从富人那里获取财物供朝廷使用，贫苦百姓所担负的赋税就可以减轻，这就叫损有余而补不足。这项法令一颁布老百姓就能受益，民心则顺。

思维导图

作者信息

姓　　名： 晁错
生　卒　年： 前200—前154年
籍　　贯： 河南颍川
高光时刻： 升任御史大夫，位列三公

多思考一点

民以食为天，粮食是一个国家生存发展的根本。晁错上书劝告君王要重视粮食生产，同时也告诉了我们农民种植粮食的艰辛与不易。我们自己在生活中有没有浪费粮食的现象呢？如果有的话，从今天起就改正吧。

前出师表

- 感人肺腑的千古名篇

出处 《三国志》
作者 诸葛亮
创作年代 三国
坐标 《古文观止》卷六；初中语文九年级下册

助学小贴士

　　三国时期，蜀国刚刚建立两年刘备就去世了。临终前刘备把太子刘禅和蜀汉大权托付给了丞相诸葛亮。诸葛亮忠心耿耿，勤勉为政，使蜀国和魏国、东吴形成了三国鼎立的局面。但是他时刻不敢忘记先帝刘备的知遇之恩和兴复汉室的嘱托，所以向后主刘禅上书请求出师北伐，于是就有了流传千古、感人肺腑的《出师表》。

朗读原文

先帝创业未半而中道崩殂(cú)，今天下三分，益州疲弊，此诚危急存亡之秋也。然侍卫之臣不懈于内，忠志之士忘身于外者，盖追先帝之殊遇，欲报之于陛下也。诚宜开张圣听，以光先帝遗德，恢弘(hóng)志士之气，不宜妄自菲薄，引喻失义，以塞忠谏之路也。

实时翻译

先帝开创大业还未完成一半，竟中途仙逝。如今天下一分为三，而我蜀汉国力困乏，真是到了生死存亡的危急关头啊。然而朝廷官员在内理政毫不懈怠、忠勇将士在外征战舍生忘死，都是他们追念先帝莫大的恩遇，想要把这份恩情报答给陛下您啊。陛下您应广开言路，择善而从，以发扬光大先帝传承下来的美德，鼓舞有志之士的士气，不要随随便便看轻自己，言语失当，以至于堵塞人们忠心规劝的言路。

朗读原文

宫中府中,俱为一体,陟(zhì)罚臧(zāng)否(pǐ),不宜异同。若有作奸犯科及为忠善者,宜付有司论其刑赏,以昭陛下平明之治,不宜偏私,使内外异法也。

侍中、侍郎郭攸(yī)之、费祎、董允等,此皆良实,志虑忠纯,是以先帝简拔(wèi)以遗陛下。愚以为宫中之事,事无大小,悉以咨之,然后施行,必能裨(bì)补阙(quē)漏,有所广益。

实时翻译

皇宫里和朝堂上,要有一样的赏罚标准,升赏惩罚,表扬批评,不应有所不同。如果有作恶违法的人或尽忠行善的人,应该交给主管部门,评定对他们的惩罚或奖赏,以彰显陛下治国处事的公正严明,而不能有偏袒,造成宫廷内外法令不同。

侍中、侍郎郭攸之、费祎、董允等,都是善良老实的人,他们思想纯洁、忠心耿耿,因此先帝才选拔了他们来辅佐陛下您。我认为宫中的事,无论大小,您都应该先征求他们的意见,然后再去实施,这样一定能够弥补缺漏之处,得到更好的效果。

朗读原文

将军向宠，性行淑均，晓畅军事，试用于昔日，先帝称之曰能，是以众议举宠为督。愚以为营中之事，悉以咨之，必能使行阵和睦，优劣得所。

亲贤臣，远小人，此先汉所以兴隆也；亲小人，远贤臣，此后汉所以倾颓(tuí)也。先帝在时，每与臣论此事，未尝不叹息痛恨于桓、灵也。侍中、尚书、长史、参军，此悉贞良死节之臣，愿陛下亲之信之，则汉室之隆，可计日而待也。

实时翻译

将军向宠，性情温和，处事公正，精通军事，从前任用他时，先帝就称赞他能干，因此众人商议后推举他做中部督。我认为军中的事，无论大小，您都应该先征求他的意见，这样一定能使军队团结一心，让才能不同的人都得到合适的安排。

亲近贤臣，疏远小人，这是汉朝前期兴盛的原因；亲近小人，疏远贤臣，这是汉朝后期衰败的原因。先帝在世的时候，每次跟我谈到这些事，没有一次不哀叹惋惜桓帝、灵帝。侍中、尚书、长史、参军，这些都是忠贞坦诚、以死效忠的大臣，希望陛下亲近他们、信任他们，如此一来汉朝的复兴就指日可待了。

朗读原文

臣本布衣，躬耕于南阳，苟(gǒu)全性命于乱世，不求闻达于诸侯。先帝不以臣卑鄙(wěi)，猥自枉屈，三顾臣于草庐之中，咨臣以当世之事，由是感激，遂许先帝以驱驰。后值倾覆，受任于败军之际，奉命于危难之间，尔来二十有一年矣。

先帝知臣谨慎，故临崩寄臣以大事也。受命以来，夙(sù)夜忧叹，恐托付不效，以伤先帝之明，故五月渡泸，深入不毛。今南方已定，兵甲已足，当奖率三军，北定中原，庶竭驽(nú)钝，攘(rǎng)除奸凶，兴复汉室，还于旧都。此臣之所以报先帝而忠陛下之职分也。至于斟酌(zhēnzhuó)损益，进尽忠言，则攸之、祎、允之任也。

实时翻译

我本来是个平民，在南阳耕田劳作，于乱世之中苟且保住了性命，未曾奢求在诸侯之中扬威显名。但先帝不介意我身份低微、见识浅陋，三次屈尊到我的茅庐拜访，征询我对天下大事的看法。我十分感激，所以答应了先帝为他奔走效劳。后来遇到兵败，在作战失利、形势危急之时我接受了先帝任命，从那时到现在已经二十一年了。

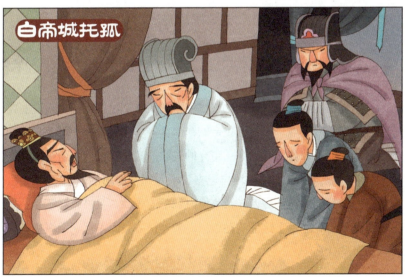

先帝知道我做事小心谨慎，所以临终时把国家大事托付给我。自从接受托孤的遗命以来，我日夜发愁、叹息，生怕先帝的托付我无法完成，损伤了先帝的知人之明，所以我在五月率兵渡过泸水，向南深入人烟荒芜之地征战。如今南方既已平定，武器装备也已充足，自然应当激励三军将士，再率军北伐，平定中原，或许拼尽我愚钝的才智，能铲除掉曹操这个奸贼，兴复汉室，让我蜀汉朝廷返回故都洛阳。这是我报答先帝并且为陛下尽忠的职责所在啊。至于权衡利弊、比较得失，毫无保留地直言进谏，那是郭攸之、费祎、董允他们的责任。

朗读原文

愿陛下托臣以讨贼兴复之效；不效，则治臣之罪，以告先帝之灵。若无兴德之言，则责攸之、祎、允等之慢，以彰其咎。陛下亦宜自谋，以咨诹(zōu)善道、察纳雅言，深追先帝遗诏。臣不胜受恩感激。今当远离，临表涕泣，不知所云。

实时翻译

希望陛下能够把讨伐曹贼、兴复汉室的任务交给我；如果我没能完成，就请您治我的罪，来告慰先帝的在天之灵。如果没有让您发扬圣德的建议，那就是郭攸之、费祎、董允的失职，责罚他们，让所有人都知道他们的过错。陛下您也应该自己多谋划考虑，询问治理国家的良策，考察并采纳好的建议，谨遵先帝临终时留下的教诲，我当感激不尽。如今老臣就要离开您踏上远征的路途，对着这份奏表忍不住老泪纵横，也不知说了些什么。

思维导图

作者信息

姓　　名：诸葛亮
字　　：孔明
生卒年：不详
籍　　贯：河南南阳
高光时刻：协助刘备白手起家，建立蜀汉王朝

讲个故事

　　诸葛亮出身官宦之家，早年随叔父闯荡江湖，但未得志，后来就在隆中盖了间茅屋隐居起来。那时候刘备正值背运，屡战屡败，总结失败的原因才发现，自己没有一个靠谱的谋士。他四处求贤，终于打听到诸葛亮有经世之才，就想请他出山辅佐自己。为了见诸葛亮，刘备从城里到乡下来来回回跑了好多次。他求贤若渴的诚意最终感动了诸葛亮，诸葛亮就在隆中草庐为刘备描绘了未来几十年的发展蓝图：东联孙权、北抗曹操、西进巴蜀，以图三国鼎立之势。谁能想到，历史真的沿着诸葛亮指明的方向前进了几十年，诸葛亮居然以一人之力引领了整个历史的发展。

多思考一点

　　"亲贤臣，远小人"是诸葛亮根据历史经验总结得出的关于治国用人的一条有益结论。国家用人如此，个人交朋友也应如此。我们应该多和德行高尚的人亲近，学习他们的优秀品质，远离品德不良的人，免得被他们腐化。

后出师表

○ 鞠躬尽力,死而后已

出处	《默记》
作者	诸葛亮
创作年代	三国
坐标	《古文观止》卷六

助学小贴士

诸葛亮上《出师表》后随即出兵北伐,然而第一次北伐以失败告终。一年后,曹魏与东吴发生战事,魏军主力被调离关中,诸葛亮希望趁此时机再次北伐;但因为第一次失败,朝廷中有人并不支持他的主张,后主刘禅也不知如何是好。这时,诸葛亮为表决心,再上一篇出师表,被称为《后出师表》。

朗读原文

先帝虑汉、贼不两立，王业不偏安，故托臣以讨贼也。以先帝之明，量臣之才，固知臣伐贼，才弱敌强也。然不伐贼，王业亦亡，惟坐而待亡，孰(shú)与伐之？是故托臣而弗疑也。臣受命之日，寝不安席，食不甘味，思惟北征，宜先入南。故五月渡泸，深入不毛，并日而食。臣非不自惜也，顾王业不可得偏安于蜀都，故冒危难，以奉先帝之遗意也，而议者谓为非计。今贼适疲于西，又务于东，兵法乘劳，此进趋之时也。谨陈其事如左：

实时翻译

先帝认为蜀汉和曹贼不能并存，汉室基业不能一直偷安在偏远的蜀地，所以委任臣讨伐曹魏逆贼。以先帝的英明和他对臣能力的了解，自然知道臣要是去征讨曹贼能力微弱，而敌人实力强大。但是，不征讨曹贼，汉室基业一样是要败亡的，只不过是坐着等待灭亡，坐以待毙怎么比得上主动出击呢？因此先帝托付臣北伐大业时一点也没有犹豫。臣接受托付的这些日子，睡也睡不好，吃也吃不香，就想着北伐这件事，臣觉得要想北伐就得先平定南方，所以臣在五月率兵渡过泸水，深入蛮荒之地征讨，常常挨饿，几天才能吃上一天的饭。臣不是不爱惜自己，只是一想到汉室基业不能偏安在蜀地，就想要冒着危险去完成先帝的遗愿，可是有的朝臣说这不是上策。如今曹贼在西面正疲于对付叛军，在东面又要应付东吴的进攻，兵法上说要趁敌方劳困时发动进攻，现在就正是进军北伐的时机啊！我恭敬地把这件事向您汇报，如下：

朗读原文

高帝明并日月，谋臣渊深，然涉险被创，危然后安。今陛下未及高帝，谋臣不如良、平，而欲以长策取胜，坐定天下，此臣之未解一也。

刘繇(yáo)、王朗，各据州郡，论安言计，动引圣人，群疑满腹，众难塞胸；今岁不战，明年不征，使孙策坐大，遂并江东，此臣之未解二也。

实时翻译

汉高祖刘邦的英明可以和日月相比，他手下的谋臣也个个深谋远虑，但他还是经历了艰险，受过创伤，先遭遇危难然后才得天下安定。如今陛下您比不上高祖皇帝，您的谋臣也不如张良、陈平，却想靠着长期相持的战略来取胜，坐等天下平定。有些人有这样的想法，这是老臣不能理解的第一点。

刘繇、王朗，各自占有州郡，在讨论安定州郡的政策时，动不动就引用古代圣贤的话，搞得大家满腹疑虑，心中充满非议；结果今年不去征战，明年不去讨伐，让孙策变得强大起来，终于吞并了江东。有些人打算走他们的老路，这是老臣不能理解的第二点。

朗读原文

曹操智计,殊绝于人,其用兵也,仿佛孙、吴。然困于南阳,险于乌巢,危于祁连,逼于黎阳,几败北山,殆死潼关,然后伪定一时尔。况臣才弱,而欲以不危而定之,此臣之未解三也。

实时翻译

曹操的智谋和心计远远超出常人,他带兵打仗就像孙膑、吴起那样神妙,但是也曾在南阳受困、在乌巢遇险、在祁山遭难、在黎阳被攻,几乎惨败在北山,还差一点死在潼关,然后才僭称国号于一时。老臣的才能比不上曹操,有些人却想让我不历战争、不经艰险就平定天下,这是老臣不能理解的第三点。

朗读原文

曹操五攻昌霸不下，四越巢湖不成，任用李服而李服图之，委任夏侯而夏侯败亡。先帝每称操为能，犹有此失，况臣驽下，何能必胜？此臣之未解四也。

自臣到汉中，中间期年耳，然丧赵云、阳群、马玉、阎芝、丁立、白寿、刘郃、邓铜等及曲长、屯将七十余人，突将、无前、賨叟、青羌、散骑、武骑一千余人。此皆数十年之内所纠合四方之精锐，非一州之所有；若复数年，则损三分之二也，当何以图敌？此臣之未解五也。

实时翻译

曹操曾五次攻打昌霸而没能攻下，四渡巢湖而未成功；他任用李服，李服却密谋杀害他；他任用夏侯渊，夏侯渊却战败而死。先帝常常称赞曹操才能出众，可他还是有这些过失，况且老臣才能低下，怎么能保证一定取胜呢？有些人因顾虑北伐成败而不赞同出兵，这是老臣不能理解的第四点。

自从老臣进驻汉中到现在已经一年了，然而这一年之中就损失了赵云、阳群、马玉、阎芝、丁立、白寿、刘郃、邓铜等将领及曲长、屯将七十多人，突将、无前这些先头部队和賨叟、青羌少数民族的散骑和武骑等士卒一千多人。这些都是几十年时间里我军从各地积集起来的精锐力量，不是我蜀地一州所能得到的；如果再过几年，损失掉三分之二，那还拿什么去对付敌人呢？有些人却看不到这些，这是老臣不能理解的第五点。

朗读原文

今民穷兵疲,而事不可息;事不可息,则住与行,劳费正等。而不及早图之,欲以一州之地,与贼持久,此臣之未解六也。

夫难平者,事也。昔先帝败军于楚,当此时,曹操拊手,谓天下已定。然后先帝东连吴、越,西取巴、蜀,举兵北征,夏侯授首;此操之失计,而汉事将成也。然后吴更违盟,关羽毁败,秭归蹉跌,曹丕称帝;凡事如是,难可逆料。臣鞠躬尽力[①],死而后已。至于成败利钝,非臣之明所能逆睹也。

---

①注:后作"尽瘁"。瘁(cuì)劳累。

> **实时翻译**

如今虽然百姓贫穷、兵士疲累，但战争不可能停息；既然战争不能停息，那么防御和出击所耗费的军力、军费就一样多。既然如此，有些人不想着尽早出击，却想凭益州一地来防御、打持久战，这是老臣不能理解的第六点。

战事的成败是难于评判预测的。当年先帝在楚地打了败仗，曹操当时拍着手说天下局势已定。但是，后来先帝与东边的东吴联合，又夺取了西边的巴蜀之地，再出兵北伐，把夏侯渊的脑袋都砍了下来，这是曹操没有预料到的，而且复兴汉室的大业眼看就要成功。但是，这之后东吴又改变战略违背了盟约，关羽战败身亡，先帝伐吴在秭归遭到挫败，而曹丕称帝。凡事都是这样，难以预料。老臣只能竭尽全力，到死方休罢了。至于究竟成功还是失败，顺利还是困难，那不是老臣所能预见的啊。

思维导图

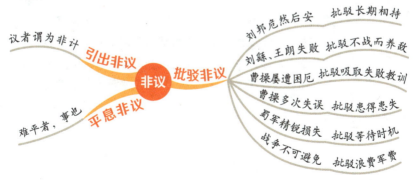

讲个故事

从公元228年到234年，六年时间里诸葛亮领导了五次北伐战争，虽然屡遭失败，但他从不敢忘记先帝的嘱托和兴复汉室的大业。最后一次北伐，诸葛亮积劳成疾，在秋风萧瑟中带着遗憾病逝五丈原。唐朝的杜甫被诸葛亮的忠贞爱国之心感动，为这位"蜀相"写了一首诗：

蜀相

丞相祠堂何处寻，锦官城外柏森森。

映阶碧草自春色，隔叶黄鹂空好音。

三顾频烦天下计，两朝开济老臣心。

出师未捷身先死，长使英雄泪满襟。

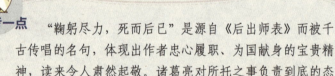

多思考一点 "鞠躬尽力，死而后已"是源自《后出师表》而被千古传唱的名句，体现出作者忠心履职、为国献身的宝贵精神，读来令人肃然起敬。诸葛亮对所托之事负责到底的态度、对所托之人诚实守信的品质，历经千年仍熠熠生辉。

陈情表

○ 百善孝为先

出处 《昭明文选》
作者 李密
创作年代 西晋
坐标 《古文观止》卷七；高三语文选择性必修下册

助学小贴士

　　李密原本是蜀汉官员，蜀汉灭亡后，晋武帝司马炎听说他有孝老敬亲的美名，就想让他做太子洗马——这是辅佐太子的官职，可不是让他去给太子的马洗澡。然而李密几番推辞，最终写了这篇著名的《陈情表》，以尽孝为由，再次回绝了晋武帝。

朗读原文

臣密言：臣以险衅，夙遭闵凶。生孩六月，慈父见背。行年四岁，舅夺母志。祖母刘愍臣孤弱，躬亲抚养。臣少多疾病，九岁不行，零丁孤苦，至于成立。既无伯叔，终鲜兄弟。门衰祚薄，晚有儿息。外无期功强近之亲，内无应门五尺之僮，茕茕孑立，形影相吊。而刘夙婴疾病，常在床蓐。臣侍汤药，未曾废离。

实时翻译

臣李密陈言：臣命运悲惨，很早的时候就遭逢了丧亲之痛。臣刚出生六个月，臣那慈爱的父亲就撒手人寰，弃臣而去。臣四岁的时候，臣的舅父又强迫母亲改变了守节的初衷而另嫁他人。臣的祖母刘氏，可怜臣孤苦无依、弱小无助，便亲自抚养臣长大。臣小的时候经常生病，九岁时还不能走路，就这么孤苦伶仃地一直到成年自立。臣既没有叔伯，也没有兄弟，门庭衰落，福分浅薄，很晚才有了自己的子嗣。臣在外没有亲近的亲戚，在家没有看门的童仆，孤孤单单一个人的时候，只能和自己的影子倾诉衷肠。臣的祖母刘氏早已疾病缠身，常年卧床不起。臣侍奉她服用汤药，从来就没有间断或离开过。

朗读原文

　　逮奉圣朝，沐浴清化。前太守臣逵察(kuí)臣孝廉，后刺史臣荣举臣秀才。臣以供养无主，辞不赴命。诏书特下，拜臣郎中，寻蒙国恩，除臣洗(xiǎn)马。猥以微贱，当侍东宫，非臣陨(yǔn)首所能上报。臣具以表闻，辞不就职。诏书切峻，责臣逋(bū)慢；郡县逼迫，催臣上道；州司临门，急于星火。臣欲奉诏奔驰，则以刘病日笃(dǔ)；欲苟顺私情，则告诉不许：臣之进退，实为狼狈。

实时翻译

　　至圣朝建立，臣有幸沐浴在清明政治的教化中。先是太守逵，察举臣为孝廉；后来刺史荣又推举臣为秀才。臣因为无人奉养祖母，所以辞谢了举荐而没有赴任。谁知朝廷特地颁下诏书，授予臣郎中一职，没多久又蒙受圣恩，任命我为太子洗马。以臣卑微低贱的出身而得以担当侍奉东宫太子的要务，臣即使肝脑涂地也不足以报答朝廷的恩典。臣上表向您倾诉这些苦衷，推辞任命，但是诏书言辞冷峻，责备臣逃避怠慢；郡县长官催逼，命臣即刻上路；州县长官登门，比流星的光从空中急闪而过还要急迫。臣想要奉旨为陛下奔走效劳，奈何祖母刘氏的疾病一天比一天沉重；想要暂且侍奉祖母，奈何虽已陈情但不被允许。臣实在是进退两难，十分狼狈。

朗读原文

伏惟圣朝以孝治天下，凡在故老，犹蒙矜(jīn)育，况臣孤苦，特为尤甚。且臣少仕伪朝，历职郎署，本图宦达，不矜名节。今臣亡国贱俘，至微至陋，过蒙拔擢(zhuó)，宠命优渥(wò)，岂敢盘桓，有所希冀。但以刘日薄西山，气息奄奄，人命危浅，朝不虑夕。臣无祖母，无以至今日；祖母无臣，无以终余年。母、孙二人，更相为命，是以区区不能废远。臣密今年四十有四，祖母刘今年九十有六，是臣尽节于陛下之日长，报养刘之日短也。乌鸟私情，愿乞终养。

实时翻译

臣念及圣朝用孝道来治理天下，凡是在世的故旧老臣，尚且都受到怜恤赡养，况且臣之孤单凄苦比他们更厉害呢。臣年轻的时候曾做过伪朝蜀汉的郎官，本来就追求高官厚禄，不在乎什么名声节操。如今臣只是一个低贱的亡国俘虏，再卑微浅陋不过了，蒙受朝廷隆恩破格提拔，给予优厚的待遇，怎敢辞官不赴甚至有其他非分的想法呢？臣之所以请辞，只是因为祖母刘氏时日无多，她呼吸微弱，生命垂危，早上醒来都不知道能不能熬到晚上。如果没有祖母的养育，臣不可能活到今天；如果没有臣的照料，祖母也无法安度余年。我们祖孙二人相依为命，因此臣实在不忍弃养祖母而远赴朝廷做官。臣今年四十四岁，祖母刘氏九十六岁，这样看来，臣在陛下那里效命的日子还很长，而奉养祖母的日子已经不多了。臣怀着乌鸦反哺的孝心，乞求陛下准许我为祖母养老送终。

朗读原文

臣之辛苦，非独蜀之人士及二州牧伯所见明知，皇天后土实所共鉴。愿陛下矜愍愚诚，听臣微志。庶刘侥幸，保卒余年。臣生当陨首，死当结草。臣不胜犬马怖惧之情，谨拜表以闻。

实时翻译

臣的辛酸苦楚，不仅蜀地百姓和益州、梁州的长官知道，就是天地神明也都可以见证。希望陛下能怜悯臣的愚孝诚心，满足臣微不足道的心愿，让臣侍奉祖母刘氏侥幸度完余生。臣活着自当肝脑涂地报效朝廷，死了也要结草衔环以报陛下隆恩。臣怀着犬马一样恐惧的心情，恭敬地呈上此表，恳请陛下悉知。

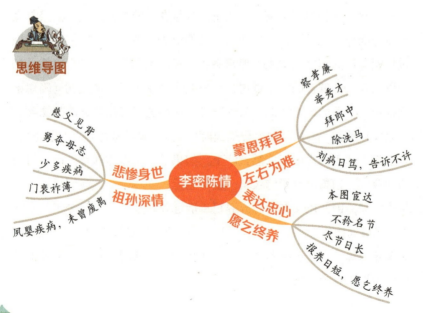

作者信息

姓　　名：李密（本名李虔）
字　　：令伯
生卒年：224—287年
籍　　贯：犍为武阳
高光时刻：因孝老敬亲做《陈情表》名流千古

助学小贴士

　　晋武帝为什么几次三番地非要重用李密呢？并不是因为李密有过人的才智和无双的才华，而只是晋武帝为了满足自己的政治需要。晋朝灭了蜀汉之后，东吴依然占据着江东。为了动摇并笼络东吴臣民之心，晋武帝必须对外做出胸怀宽广的样子，善待、重用蜀汉亡国之臣。而在对内方面，晋武帝采用以孝治天下的策略，他希望推行孝道来维持君臣关系，维护社会稳定。李密既是蜀汉的亡国之臣，又以孝闻名于世，同时满足了以上两个条件，自然就成了晋武帝眼中的香饽饽了。

多思考一点　　古人常说"百善孝为先"，孝敬父母、孝老尊亲自古以来就是中华民族的传统美德。李密孝敬祖母的拳拳之心不仅感动了晋朝皇帝，更是流淌在历史和文学的长河里，感动了无数后人。

兰亭集序

> 是书法，也是文章

出处：《兰亭集》
作者：王羲之
创作年代：东晋
坐标：《古文观止》卷七；高三语文选择性必修下册

助学小贴士

　　王羲之是中国古代著名的书法家，同时也是一个很会生活的人。他注重穿衣打扮，讲究膳食搭配，没事就喜欢写写毛笔字。小时候王羲之从老家山东搬到浙江，一下就爱上了江南美景，不愿离开。大概五十岁那年，他任会稽内史，呼朋引伴搞聚会，祓除疾病和霉运，与友人谢安、孙绰等四十一人会聚兰亭，饮酒赋诗，并把大家的作品编成了《兰亭集》。大家公推此次聚会的召集人、德高望重的王羲之写一序文，记录这次聚会，于是就有了著名的《兰亭集序》。

朗读原文

永和九年,岁在癸丑(guǐ),暮春之初,会于会稽(kuài jī)山阴之兰亭,修禊(xì)事也。群贤毕至,少长咸集。此地有崇山峻岭,茂林修竹,又有清流激湍,映带左右,引以为流觞(shāng)曲水,列坐其次。虽无丝竹管弦之盛,一觞一咏,亦足以畅叙幽情。是日也,天朗气清,惠风和畅。仰观宇宙之大,俯察品类之盛,所以游目骋(chěng)怀,足以极视听之娱,信可乐也。

实时翻译

永和九年,正值癸丑,晚春时节的三月,我们在会稽郡山阴县的兰亭相聚,进行祈福驱邪的禊事。众多名流贤士都到齐了,老老少少欢聚一堂。这个地方山岭绵延,群峰高峻,林木茂盛,翠竹挺拔,又有清澈湍急的溪流相伴,将左右美景尽数倒映其中。我们将这淙淙溪水作为流觞的曲水,大家依次坐在曲水旁,有人在上游置酒杯于溪中,酒杯顺流而下,停在谁的面前谁就取杯饮酒作诗。虽然没有管乐齐鸣的盛况,但一杯酒一首诗,也足以让人们畅叙内心的情怀。那一天,天气晴朗,空气清新,柔和的微风吹得人既温暖又舒畅。抬头观览宇宙的浩大,低头俯瞰万物的众多,纵目四望之下顿感心胸无限开阔,这是视听所得欢娱的最高境界了吧,实在是令人愉快。

朗读原文

夫人之相与，俯仰一世。或取诸怀抱，悟言一室之内；或因寄所托，放浪形骸(hái)之外。虽取舍万殊，静躁不同，当其欣于所遇，暂得于己，快然自足，曾不知老之将至；及其所之既倦，情随事迁，感慨系之矣。向之所欣，俯仰之间，已为陈迹，犹不能不以之兴怀，况修短随化，终期于尽！古人云："死生亦大矣。"岂不痛哉！

实时翻译

人所拥有的，只是短暂的一生。有的人喜欢关注自己内心的想法，在斗室之中和朋友面对面地交流分享；有的人则喜欢寄情志于外物，自由自在地放荡生活。虽然人们的选择差异巨大，或沉静或活跃完全不同，但当他们遇到自己喜欢的事物或者有了一些心得时，都会感到高兴和满足，竟然连生死都会忘记。等到对喜爱的东西或心得感到厌倦，感情随着事物的变化而变化，感触和慨叹也随之产生。以前的欢欣转眼之间成为过去，尚且要引发心中的感触，况且寿命长短取决于命运且最后要归结于消亡呢。所以古人感慨说："死生是人生的大事啊。"想到这个问题，怎么能让人不心生悲痛？

朗读原文

每览昔人兴感之由,若合一契,未尝不临文嗟悼,不能喻之于怀。固知一死生为虚诞,齐彭殇为妄作。后之视今,亦犹今之视昔,悲夫!故列叙时人,录其所述,虽世殊事异,所以兴怀,其致一也。后之览者,亦将有感于斯文。

实时翻译

在读前人的文章时,每当他们所发的感慨和我的相符,我总难免要对着文章叹息,心里也不甚明白为什么。我现在读老庄知道把生和死同等看待是荒诞的、把长寿和短命同等看待是妄造的,我想后人看待今人,也像今人看待从前的人一样,会有不同的认识和理解!所以我记下与会的每个人,抄录下他们所作的诗篇,编成这本《兰亭集》。即便日后的时代和世事都会变得不同,但引发人们感触的情感是相通的。后世的读者,也将对这次集会的诗文有所感怀。

思维导图

作者信息

姓　　名：王羲之
　字　　：逸少
生 卒 年：321—379 年
籍　　贯：琅琊临沂
高光时刻：《兰亭集序》被誉为"天下第一行书"，
　　　　　他则被称为"书圣"

讲个故事

　　王羲之被世人称为"书圣",谁都想要他的墨宝,可是一字难求,于是就有人动起了歪脑筋——偷他家的春联。这一年,王羲之在腊月二十九早早写好了春联贴在大门上,可是大年三十出门一看,春联早已不见了踪影。王羲之看春联如此抢手,知道即使自己再贴一份也还是会被偷,就想了一个主意,转身回家了。不一会儿新春联贴在了大门上,上联是"福无双至",下联是"祸不单行"。想偷春联的人一看这八个字太不吉利,便都乘兴而来、扫兴而归了。到了后半夜,王羲之悄悄出门在春联上补了几笔,结果第二天春联完全变了样,上联变成"福无双至今朝至",下联变成"祸不单行昨夜行"。看到的人无不拍手称赞。

多思考一点　　人生天地之间,若白驹之过隙,忽然而已。这句话的意思是说,人的寿命是极为短暂的,好像白马驰过狭窄的空隙,一闪即逝。既然生命如此短暂而宝贵,我们还有什么理由来浪费时间、浪费生命呢?奋斗吧,少年!

归去来兮

◉ 不为五斗米折腰

出处：《陶渊明集》
作者：陶渊明
创作年代：东晋
坐标：《古文观止》卷七；高中语文必修五

助学小贴士

　　东晋安帝在位的时候，陶渊明为了养家糊口，到彭泽县当了县令。入冬后的一天，郡里派督邮到县里视察工作。督邮本是很低的官职，但视察结束回去汇报工作时，说好话还是坏话全凭他一张嘴，所以常常在基层作威作福。这次来的督邮，一到彭泽的旅舍就差县吏去叫陶渊明来参见他。陶渊明虽然看不上这种狐假虎威的人，但不得不去。他刚要动身，县吏又拦住他说："大人，参见督邮要穿正装！"陶渊明终于忍无可忍，说道："我不能为了五斗米向乡里小人折腰！"说完他就辞官回家，以后再未出仕。这篇《归去来兮辞》就是他这次辞官后所作。

朗读原文

归去来兮,田园将芜(wú)胡不归!既自以心为形役,奚(xī)惆(chóu)怅(chàng)而独悲?悟已往之不谏,知来者之可追,实迷途其未远,觉今是而昨非。舟摇摇以轻飏(yáng),风飘飘而吹衣。问征夫以前路,恨晨光之熹(xī)微。

乃瞻(zhān)衡宇,载欣载奔。僮仆欢迎,稚子候门。三径就荒,松菊犹存。携幼入室,有酒盈樽(zūn)。引壶觞(shāng)以自酌(zhuó),眄(miǎn)庭柯以怡颜。倚南窗以寄傲,审容膝之易安。园日涉以成趣,门虽设而常关。策扶老以流憩(qì),时矫(jiǎo)首而遐(xiá)观。云无心以出岫(xiù),鸟倦飞而知还。景翳(yì)翳以将入,抚孤松而盘桓。

实时翻译

回去吧,田园都快要荒芜了,为什么还不回去呢?既然是自己选择了让心灵被形体所奴役,为什么还要失意和伤悲?我知道过去的日子已经不可挽回,但未来的日子可以做出改变。我确实走入了迷途,还好走得不远,现在我终于想明白了今天的选择才是对的,而之前的决定是个错误。我踏上归途,船在水面上轻轻摇荡,微风阵阵,吹拂着我的衣裳。我问征夫前面还有多远,只恨幽暗的晨光照不清回家的路。

终于远远地看到那简陋的家门,我忍不住欢欣一路奔跑过去。家僮欢快地迎接我,孩子们已在屋门口等候。院子里的小路淹没在一片荒草之中,松树和菊花还是原来的样子。我拥着孩子们走进屋里,看见桌上的酒杯已经盛满了香醇的美酒。我径自端起酒壶和酒杯,自斟自饮,欣赏着庭院中的树木，不觉露出笑容；我倚着南窗，不由想起当初治世的宏愿，现在才知道这狭小的院落更容易使我心安。回家后我每天在园中散步，成了一种乐趣，园子虽然有门却不常开，我就这么一个人拄着拐杖走走歇歇，不时抬头看看那悠远的蓝天。每到傍晚，丝丝缕缕的烟云悠然地从山间飘出，疲累的鸟儿也飞回了巢穴。夕阳即将落山，日光已然暗淡，我还手抚着孤松而徘徊不已。

朗读原文

归去来兮，请息交以绝游。世与我而相违，复驾言兮焉求？悦亲戚之情话，乐琴书以消忧。农人告余以春及，将有事于西畴（chóu）。或命巾车，或棹（zhào）孤舟，既窈窕（yǎo tiǎo）以寻壑（hè），亦崎岖（qí qū）而经丘。木欣欣以向荣，泉涓涓而始流。善万物之得时，感吾生之行休。

实时翻译

回去吧，就让我和这俗世断了一切往来。既然这浑浊的俗世与我不合，我再驾着车去追求又能求到什么？与亲友谈心使我轻松愉悦，以琴书为伴使我恬淡无忧。农人告诉我春天到了，我就去西边的田地里耕作。农闲时，我就乘着有篷的小车或者划着小船，去探索那幽深曲折的峡谷和高低不平的山丘，看到的总是欣欣向荣的树木和涓涓而淌的溪流。我羡慕万物能长久地享受这大好时光，不由想到自己的人生即将走向结束。

朗读原文

已矣乎！寓形宇内复几时？曷不委心任去留？胡为乎遑遑欲何之？富贵非吾愿，帝乡不可期。怀良辰以孤往，或植杖而耘耔，登东皋以舒啸，临清流而赋诗。聊乘化以归尽，乐夫天命复奚疑！

实时翻译

算了吧！我在这世上还能再活多久，为什么不顺从自己的内心选择去留？整日忙忙碌碌担惊受怕地想要得到什么呢？荣华富贵不是我想要的，得道成仙也不可能实现。我想要的只是一个人享受美好的时光，扶着拐杖在田地里除草培苗，登上东边的山坡放声长啸，傍着清清的溪流自在吟诗。接受天命的安排，顺应自然的变化走到生命的尽头，还有什么可犹疑的呢？

思维导图

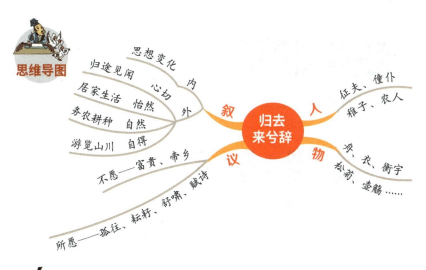

作者信息

姓　　名： 陶渊明
字 / 号： 字元亮，号五柳先生
生 卒 年： 365—427 年
籍　　贯： 浔阳柴桑
代表名句： 采菊东篱下，悠然见南山
高光时刻： 作《归去来兮》，解印辞官，归隐田园，饮酒作诗，开创田园诗一派

多思考一点　　陶渊明在前前后后做了十三年官后，终于"悟已往之不谏，知来者之可追"，写下了这篇《归去来兮》，以表自己和过往决裂并开启美好生活新篇章的决心。有时候，只有放下了外在的羁绊，才能获得心灵的自由。

桃花源记

失落的人间乐土

出处：《陶渊明集》
作者：陶渊明
创作年代：东晋
坐标：《古文观止》卷七；初中语文八年级上册

助学小贴士

　　东晋时期，军阀连年混战，赋税徭役繁重，人民生活苦不堪言。陶渊明虽然归隐田园，但良知让他无法真正做到对社会的黑暗视而不见。在刘裕杀死晋恭帝取而代之建立南朝宋政权后，他对社会的不满已经到了不吐不快的程度，只好借助创作来抒发胸臆，以寄托自己的政治理想与美好愿望。《桃花源记》大概就是因此而诞生的吧。

朗读原文

晋太元中，武陵人捕鱼为业。缘溪行，忘路之远近。忽逢桃花林，夹岸数百步，中无杂树，芳草鲜美，落英缤纷。渔人甚异之，复前行，欲穷其林。

实时翻译

东晋太元年间，武陵郡有个人以打鱼为生。有一天他沿着溪水行船，不知道走了多远，忽然看见一片桃花林生长在溪水的两岸，绵延有几百步那么远，桃林中没有一棵其他的树，散发着清香的小草鲜嫩美丽，粉艳的桃花一片片坠落在绿草之上。渔人看到在这僻野之处有这么大一片桃林，感到十分诧异，就继续往前行船，想寻到桃林的尽头。

朗读原文

　　林尽水源，便得一山，山有小口，仿佛若有光。便舍船，从口入。初极狭，才通人。复行数十步，豁然开朗。土地平旷，屋舍俨然（yǎn），有良田、美池、桑竹之属。阡陌交通，鸡犬相闻。其中往来种作，男女衣着，悉如外人。黄发垂髫（tiáo），并怡然自乐。

　　见渔人，乃大惊，问所从来，具答之。便要（yāo）还家，设酒杀鸡作食。村中闻有此人，咸来问讯。自云先世避秦时乱，率妻子邑人来此绝境，不复出焉，遂与外人间隔。问今是何世，乃不知有汉，无论魏晋。此人一一为具言所闻，皆叹惋。余人各复延至其家，皆出酒食。停数日，辞去。此中人语云："不足为外人道也。"

实时翻译

　　桃林绵延到溪水的源头就没有了，这里有一座山，山上有个小洞口，洞里好像还有光亮。于是渔人离船上岸，从洞口钻了进去。开始的时候洞里很窄，勉强可以让一个人通过；又走了几十步，渔人的眼前突然变得开阔明亮——一大片土地平坦广阔，一排排房屋整齐有序，还有肥沃的田地、美丽的池沼、桑树竹林之类，田间小路交错相通，鸡鸣狗叫此起彼伏。人们在田野里来来往往耕种劳作的样子和男男女女的衣着打扮，跟外面的世人完全一样。老人和小孩都高高兴兴，自得其乐。

村子里的人看见了渔人，非常惊讶，问他是哪里来的，渔人一一做了回答。那个人就邀请渔人到自己家里去做客，摆了酒、杀了鸡做饭来款待他。村里其他人听说来了一个外人，都来打听消息。他们说他们的祖先为了躲避秦时的战乱，领着妻子儿女和乡亲们来到了这个与世隔绝的地方，然后再没出去过，于是就跟外面的人断绝了往来。他们问渔人现在是秦朝第几代皇帝当政，竟然不知道有过汉朝，更不要说魏和晋了。渔人把自己知道的事都详细地告诉了他们，他们听了以后都感叹不已。其他人又各自把渔人请到自己家中，摆酒做饭款待他。渔人停留了几天，然后向村里人告辞离开。村里的人说："我们这个地方不值得跟外面的人说起啊。"

朗读原文

既出,得其船,便扶向路,处处志之。及郡下,诣太守,说如此。太守即遣人随其往,寻向所志,遂迷,不复得路。

南阳刘子骥,高尚士也,闻之,欣然规往。未果,寻病终。后遂无问津者。

实时翻译

渔人出来以后找到了他的船,就顺着来时的路往回走,沿途处处都做了标记。一回到武陵郡里,他就去拜见太守,说了这些情况。太守立即派人跟着他去查访,他们寻找之前所做的标记,却还是迷失了方向,再也找不到通往桃花源的路了。

南阳人刘子骥是个志向高洁的隐士,他听说了这件事,高兴地打算前往探访,但也没有找到,不久就因病去世了。此后再也没有去探寻桃花源的人了。

思维导图

多思考一点　陶渊明为我们描绘的亦幻亦真的桃花源，与当时战乱频繁的社会现实相比，可以说是人间一片宝贵的乐土。由对这片乐土的向往，很容易想见战争给人类带来的创伤有多么巨大。只有人人都珍惜和平，战争才能远离，和平才有希望。

五柳先生传

> 质朴而醇美的人生自传

出处 《陶渊明集》
作者 陶渊明
创作年代 东晋
坐标 《古文观止》卷七

助学小贴士

　　陶渊明为生活所迫，二十岁时开始了他的游宦生涯，这之后他时而为官时而归田，断断续续为官十三载，终于不堪社会和吏治的黑暗，归隐田园。这篇《五柳先生传》其实是作者为自己写的自传，它所塑造的独立于世俗之外的隐士形象，它所赞美的不慕荣利、安贫乐道的精神，它所褒扬的不与世俗同流合污的高尚品德与节操，不正是陶渊明自己人生的写照吗？

朗读原文

先生不知何许人也，亦不详其姓字，宅边有五柳树，因以为号焉。闲静少言，不慕荣利。好读书，不求甚解，每有会意，便欣然忘食。性嗜酒，家贫，不能常得。亲旧知其如此，或置酒而招之。造饮辄尽，期在必醉；既醉而退，曾不吝情去留。环堵萧然，不蔽风日；短褐穿结，箪瓢屡空；晏如也。常著文章自娱，颇示己志。忘怀得失，以此自终。

赞曰：黔娄有言："不戚戚于贫贱，不汲汲于富贵。"其言兹若人之俦乎？衔觞赋诗，以乐其志，无怀氏之民欤？葛天氏之民欤？

实时翻译

有一位先生不知道他是哪里人,也不清楚他的姓氏和名字。因为他的住所旁边有五棵柳树,他就借此为号,自称"五柳先生"了。他悠闲沉静,很少讲话,不爱慕荣华富贵。他喜欢读书,但不愿在一字一句上过分深究;每当对书中所言有所感悟,就会高兴得连饭都忘了吃。他打骨子里爱喝酒,但因为家里穷经常没酒喝。亲戚朋友知道这一点,有时会摆了酒席叫他去喝。他去喝酒就喝个尽兴,总想要一醉方休;喝醉了就回家,竟也能毫不留恋,说走就走。他的家,家徒四壁,挡不住寒风和烈日;他的粗布短衣破了又缝缝补补,盛饭的篮子和装水的水瓢里也经常是空的,可他还是安然自得。他常写文章来自娱自乐,很能反映出他的志趣。他从不把得失放在心上,想就这样过完自己的一生。

评论:战国时期,齐国有名的隐士黔娄先生的妻子曾说过这样的话:"不因贫贱而忧愁,不为富贵而营求。"说的大概就是五柳先生这类人吧?一边喝酒一边作诗,为自己的志向感到无比快乐。不知道他是无怀氏时代的人呢,还是葛天氏时代的人呢?

思维导图

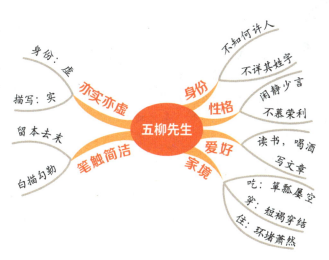

多知道一点

文人的雅号

号,是指中国古代人于名、字之外的自称,可用作文章、书籍、字画的署名。起号之风,大概在春秋战国时就有了。像"老聃""鬼谷子"等,可视为中国最早的号。东晋时陶渊明自号"五柳先生",南北朝时更多的人开始给自己起号,到了唐宋时期起号成风,元明清则达鼎盛——不但人人有号,而且一个人可以有许多号。常见的号有××先生、××居士、××翁、××山人、××散人等,如唐代诗人李白号青莲居士、陆游号放翁,写《西游记》的吴承恩号射阳山人,写《三国演义》的罗贯中号湖海散人。

多思考一点 一篇百余字的短文,只经简单地勾画,便生动刻画出超凡脱俗、豁达不羁的陶渊明,让"闲静少言、不慕荣利"变成后人内心不自觉的追寻。无论何时何地,保持一颗纯真的心,秉持一份安贫乐道的精神,都会是快乐的源泉。